국립생태원은 한반도 생태계를 비롯하여 열대, 사막, 지중해, 온대, 극지 등 세계 5대 기후와 그곳에서 서식하는 동식물을 한눈에 관찰하고 체험할 수 있는 생태 연구·교육·전시 종합 기관입니다. 국립생태원 출판부(NIE PRESS)는 소중한 생태 정보와 이야기를 엮어 유아부터 성인, 전문가에 이르는 다양한 독자를 위한 책을 만들고 있습니다.

정보 제공 및 내용 감수에 참여한 **국립생태원 연구원**
김우열, 윤지현

에코스토리 05 국립생태원이 들려주는 **생태계 연구** 이야기
금개구리 왕눈이의 모험

발행일 2017년 6월 15일 초판 1쇄 발행
　　　　2022년 5월 31일 초판 2쇄 발행
글 서영선 | **본문그림** 김옥재 | **부록그림** 김창희
발행인 조도순
책임편집 김웅식 | **편집** 유연봉 이규 천광일 전세욱 | **구성·진행** 강승연 정재윤 조현민
아트디렉터 신은경 | **디자인** 디자인아이(양신영 진선미) | **사진** Shutterstock
발행처 국립생태원 출판부 | **신고번호** 제458-2015-000002호(2015년 7월 17일)
주소 충남 서천군 마서면 금강로 1210 / www.nie.re.kr
문의 041-950-5999 / press@nie.re.kr

ⓒ 국립생태원 National Institute of Ecology, 2017
ISBN 979-11-88154-07-4 74400
　　　979-11-88154-02-9(세트)

※ 이 책에 실린 모든 글과 그림을 저작권자의 허락 없이 무단으로 사용하거나 복사하여 배포하는 것은 저작권을 침해하는 것입니다.
⚠ 주의 다칠 우려가 있습니다. 본 교재를 던지거나 떨어뜨리지 않도록 주의하십시오. 고온 다습한 장소나 직사광선이 닿는 장소에는 보관을 피해 주십시오.

05 생태계 연구

금개구리 왕눈이의 모험

글 서영선 그림 김옥재 감수 **국립생태원**

따스한 햇살이 금개구리 왕눈이가 사는 연못을 비췄어요.
생이가래와 개구리밥 사이사이를 소금쟁이가 뛰어다니고,
커다란 잎을 펼치고 있는 연잎 줄기를 따라
검은 우렁이가 다닥다닥 붙어 있었어요.
물속에서는 송사리가 떼를 지어 다니고
붕어도 입을 뻐끔거리며 먹이를 먹고 있었어요.

햇볕은 따사롭고 공기는 맑고 깨끗했어요.
'아아, 정말 살기 좋은 곳이야.
그런데 연못 너머에는 무엇이 있을까?'
왕눈이는 나고 자란 이 연못이 좋았지만
그래도 바깥세상이 너무 궁금했어요.

연못도 생태계라고?
연못에는 다양한 생물들이 살아요. 생이가래, 개구리밥과 같은 식물들, 물고기, 개구리, 소금쟁이와 같은 동물들이 연못 안팎에서 서로 영향을 주고받으며 살아가지요. 자연이 만든 환경 속에서 생물들이 서로 영향을 주고받으며 살아가고 있는 연못도 하나의 작은 생태계라고 할 수 있어요.

'궁금해서 더는 못 참겠어. 바깥세상으로 여행을 떠나야겠어!'
결심을 한 금개구리 왕눈이는 땅 위로 폴짝 뛰어올랐어요.
그리고 자신의 보금자리였던 연못을 둘러보았어요.
살랑살랑 연못가의 풀들이 잘 다녀오라고
왕눈이에게 인사하는 것 같았어요.
땅 위를 폴짝폴짝 뛰어가던 왕눈이가
트럭 운전사가 실으려고 쌓아 놓은 자루를 발견했어요.

왕눈이는 자루 위에 올라갔고
조금 뒤 트럭 운전사가 자루를 트럭에 실었어요.
왕눈이가 트럭 짐칸에 타고 있는 줄은 꿈에도 모르는
트럭 운전사가 차를 출발시켰지요.
그리고 트럭은 한참을 달렸어요.

끼익. 드디어 트럭이 멈춰 섰어요.
"어어, 거의 다 왔어. 지금 습지 근처야."
트럭 운전사가 누군가와 전화 통화를 하고 있을 때
왕눈이는 몰래 트럭에서 폴짝 뛰어내렸어요.

땅에 내려오자 어디선가 짭짤하고 비릿한 바다 냄새가 훅 끼쳤어요.
왕눈이는 바다 냄새가 나는 곳으로 폴짝폴짝 뛰어갔지요.
바다로 가는 길에는 칠면초, 퉁퉁마디, 갯개미취, 해홍나물들이
푸른 숲을 이루고 있었어요.
그리고 그 앞으로 너른 갯벌이 펼쳐져 있었어요.

갯벌에서도 식물이 살 수 있나요?
보통 식물은 소금기가 있는 갯벌에서는 살지 못하지만 염생 식물은 갯벌에서도 살 수 있어요. 염생 식물은 바닷가의 강한 바람과 뜨거운 햇빛, 소금기 있는 물을 견뎌 내기 위해 키가 작거나 누워서 자라고 두꺼운 잎 또는 비늘 모양의 잎을 가진 경우가 많아요.

갯벌로 온 왕눈이는 입을 벌려 무언가를 빨아들이고 있는 꼬막을 만났어요.

"너는 무엇을 먹고 있니? 흙을 먹는 거니?"

"눈에 보이지는 않지만 흙 속에는 영양분이 들어 있거든.
내가 아주 좋아하는 먹이지. 그런데 좀 비켜 줄래?
새들이 오기 전에 빨리 먹고 숨어야 한단 말이야."

그때 굴착기 삽 같은 것이 왕눈이를 향해 다가왔어요.

"으악!"
깜짝 놀란 왕눈이가 소리를 지르며 피했어요.
왕눈이를 깜짝 놀라게 한 것은 수컷 농게의 집게발이었어요.
자기 몸만 한 집게발을 가진 수컷 농게는
또 다른 수컷 농게를 만나더니 커다란 집게발을 부딪치며 싸우기 시작했어요.
"여긴 내 자리야, 내 자리란 말이야!"
먹이가 많은 자리를 차지하기 위해 자리다툼을 하는 거였어요.

자리다툼을 하는 농게들을 피해 옆으로 가던 왕눈이는
구멍에서 나오는 갯지렁이*와 마주쳤어요.
"안녕, 난 왕눈이라고 해."
하지만 갯지렁이는 왕눈이와 눈이 마주치자 다시 구멍 속으로 들어가 버렸어요.
사라지는 갯지렁이를 보며 아쉬워하는 왕눈이 앞에
짱뚱어*가 다른 구멍에서 머리를 쏙 내밀고 나왔어요.

*갯지렁이 갯벌에 사는 지렁이로, 갯벌 여기저기에 구멍을 내서 갯벌이 썩지 않게 도와줘요.
*짱뚱어 갯벌에 구멍을 파고 사는 물고기로, 가슴지느러미를 다리처럼 써서 썰물 때
 갯벌 위를 기어 다니며 펄 속의 영양분을 먹고 살아가요.

머리 꼭대기에 두 눈이 뽈록 튀어나온 짱뚱어는
신기하게도 갯벌 위에서도 자유롭게 움직였어요.
"넌 물고기인데도 갯벌에서 잘 기어 다니네?"
"난 지느러미를 다리처럼 이용할 수 있거든."
그때 갑자기 주변이 어두워지더니 짱뚱어가 소리쳤어요.
"얼른 피해!"
짱뚱어는 재빨리 구멍 속으로 들어갔고
왕눈이도 얼른 퉁퉁마디 뒤로 몸을 숨겼어요.

그늘을 만든 것은 갯벌에 내려앉은 흑두루미* 한 쌍이었어요.
갯벌에 내려앉은 흑두루미들은 미처 입을 닫지 못한 조개 속에
부리를 끼워 넣어 조갯살을 쏙쏙 빼 먹었어요.
조개 옆에서 진흙 속의 영양분을 먹던 밤게는
흑두루미를 보고 슬금슬금 자리를 피해 숨었어요.
조개를 먹어 치우고도 배가 고팠는지
흑두루미는 흙 속에 부리를 박고 갯지렁이를 찾았어요.

***흑두루미** 몸길이가 1미터(m) 정도인 흑두루미는 우리나라에서 겨울에 볼 수 있는 새예요. 천연기념물 제228호로 지정되었고, 2012년 멸종 위기 야생 생물 2급으로 지정되어 보호받고 있어요.

숨을 죽이고 흑두루미를 지켜보고 있던 왕눈이가 생각했어요.
'흑두루미들은 이제 어디로 갈까? 또 새로운 곳이겠지?'
새로운 곳이 궁금했던 왕눈이는 흑두루미를 따라가기로 결심했어요.
물이 조금씩 차오르고 흑두루미들이 날아오르려 하자
왕눈이는 폴짝 뛰어 흑두루미 등에 몰래 올라탔어요.

갯벌 생태계를 알아볼까요?
갯벌도 하나의 생태계로 많은 생물이 저마다 생산자, 소비자, 분해자의 역할을 하고 있어요. 갯벌에서도 퉁퉁마디, 갈대와 같은 식물은 광합성을 해서 다른 생물의 먹이를 만드는 '생산자'예요. 지렁이, 조개 등 갯벌에서 영양분을 얻는 동물과 이러한 동물들을 먹이로 하는 새 등은 '소비자'고요. 그리고 동식물들이 죽었을 때 그 몸을 분해해서 식물들에게 맞는 영양분을 만드는 박테리아는 '분해자' 역할을 하지요.

흑두루미가 도착한 곳은 강가의 습지였는데,
신기하게도 버드나무가 숲을 이루고 있었어요.
흑두루미 등에서 뛰어내려
버드나무 밑으로 몰래 숨어든 왕눈이는
버드나무 옆 작은 굴에서 나오고 있는 말똥게를 만났어요.
"너는 왜 거기서 나오니?"
"버드나무 밑은 먹을 것이 많아서 내가 제일 좋아하는 곳이야.
그런데 버드나무도 나를 좋아할걸?
내 똥은 버드나무에 영양분이 되기도 하고,
우리 집으로 가는 굴 덕분에 버드나무가
뿌리로 쉽게 숨을 쉴 수가 있거든.
버드나무와 내가 서로 도우며 산다고 할 수 있지."

버드나무와 말똥게는 서로 무슨 도움을 줄까요?
말똥게는 버드나무 밑에서 지렁이와 같은 작은 생물이나 버드나무 잎이 썩어 만들어진 영양분을 먹어요. 말똥게가 이러한 먹이를 먹고 뱉은 배설물은 버드나무의 영양분이 되어 버드나무가 잘 자라게 해 주어요. 또한 말똥게가 사는 굴은 버드나무 뿌리의 깊이와 같은데, 이 굴로 인해 버드나무의 뿌리까지 산소가 잘 전달되지요. 이렇게 말똥게와 버드나무는 서로 도움을 주고받으며 살아가요.

왕눈이가 말똥게의 이야기를 듣고 있을 때, 갑자기 한 아이가 뛰어왔어요.
아빠와 갯벌에 놀러 온 준혁이였어요.
깜짝 놀란 말똥게는 재빨리 굴 안으로 몸을 숨겼고,
왕눈이도 있는 힘껏 도망쳤어요.
하지만 이내 준혁이의 손에 잡히고 말았어요.
"아빠, 제가 개구리를 잡았어요!"

왕눈이를 잡고 신이 난 준혁이는 개구리를 더 잡겠다고 아빠를 졸랐어요.
하지만 아빠는 더는 안 된다고 하셨어요.
"그래도 이 개구리는 데려가도 되지요?"
아빠는 풀이 죽은 목소리로 묻는 준혁이에게
이미 잡은 개구리니까 왕눈이는 데려가도 좋다고 하셨어요.
이제 왕눈이는 준혁이의 채집통 속에 갇히게 되었어요.

"이제 출발하자. 엄마 기다리시겠다."
준혁이와 아빠는 집으로 출발했어요.
채집통에 들어 있는 왕눈이도 함께요.
아빠가 운전을 하는 동안 준혁이는 아빠의 스마트폰을 빌려
왕눈이가 어떤 개구리인지 알아보기 시작했어요.

"아빠, 이 개구리는 금개구리인 것 같아요!
등이 밝은 녹색이고, 등 양쪽에 두 개의 뚜렷한 금색 줄이 있는 것이
사진이랑 똑같이 생겼어요.
그리고 금개구리는 멸종 위기 동물이래요!"
"그래? 집으로 데려갔으면 큰일 날 뻔했구나.
멸종 위기종을 함부로 잡으면 처벌을 받는데 말이다.
잘 살 수 있는 곳을 찾아 데려다줘야겠구나."

준혁이는 다시 금개구리가 사는 곳을 알아보기 시작했어요.
"개구리는 습지에 사니까 어떤 습지가 있는지 알아봐야지."
스마트폰으로 찾아보니 우리나라에는 여러 종류의 습지가 있는데,
왕눈이를 잡았던 강가나 냇가 주위의 습지도 있고
서해안이나 남해안 갯벌 습지도 있다고 했어요.
그리고 사람이 만든 저수지나 논도 습지라고 나와 있었어요.

연안 습지 갯벌처럼 밀물과 썰물 때문에 바닷가에 만들어진 습지를 말해요.

인공 습지 저수지나 논처럼 사람에 의해서 만들어진 습지를 말해요.

계속 금개구리가 사는 곳을 찾던 준혁이가 소리쳤어요.

"찾았어요. 서천에 있는 국립생태원에 금개구리가 산대요. 국립생태원 안에 있는 금구리못이라는 곳에요."

"그래? 정말 잘됐네.

서천이면 집으로 가는 길에 들를 수 있겠다."

내륙 습지 강가나 냇가 주위에 물의 흐름 때문에 만들어진 습지를 말해요.

한참을 달려 국립생태원에 도착하자
준혁이는 왕눈이를 금구리못에 놓아주었어요.
금구리못으로 들어가는 왕눈이에게 손을 들어 인사를 하고
준혁이는 다시 차에 올라 집으로 향했어요.
금구리못에 오게 된 왕눈이는
신이 나서 딱그르르, 뽁뽁 딱그르르 하고 울었어요.
금구리못은 왕눈이가 살던 연못과 정말 비슷했거든요.

금구리못은 어떻게 생겨났을까요?
국립생태원을 관통하여 흐르는 하천의 폭이 넓어지면서 물의 속도가 느려진 곳에 금구리못이 만들어졌어요. 멸종 위기 야생 생물 2급으로 지정된 금개구리가 사는 모습이 발견되어 이름도 금구리못이라고 지었어요. 우리나라의 전형적인 연못 생태계를 관찰할 수 있는 생태 체험과 학습의 장이 되고 있어요.

예전에 살던 연못에서 보았던 물억새, 줄, 부들이
왕눈이를 반기는 것 같았어요.
잔잔히 흐르는 물살도, 시원한 물 온도도 왕눈이에게 정말 딱 맞았어요.
'바깥세상은 흥미진진하지만, 나한테는 역시 연못이 최고야.'
왕눈이는 연못에서 헤엄치며 생각했어요.

왕눈이가 오랜만에 신나게 수영을 하고서 연잎 위에 앉아 있을 때 우르르 아이들의 발소리가 들렸어요.
"이야! 선생님, 몸에 금색 줄이 있는 개구리예요!"
"어머, 금개구리네?
금개구리는 우리나라에서만 사는 토종 개구리야.

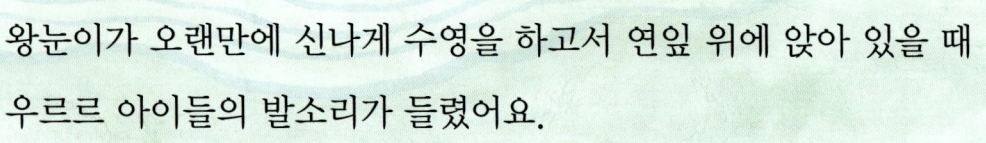

지금은 그 수가 많이 줄어 아무데서나 쉽게 볼 수 없는
귀한 동물인데, 너희들 오늘 소중한 경험을 하는구나."
선생님과 아이들은 왕눈이를 신기하다는 듯이 바라봤어요.
선생님 말씀에 왕눈이는 왠지 자랑스러워졌어요.
자기가 그렇게 귀한 개구리인 줄은 전혀 몰랐거든요.
왕눈이는 어쩐지 이 금구리못이 더 좋아질 것 같았어요.

생태계란 무엇일까요?

'생태계'란 서로 영향을 주고받으며 살아가는 생물들과 무생물 환경을 묶어서 부르는 말이에요. 생태계의 무생물 환경에는 물, 햇빛, 공기, 땅 등이 있어요. 생태계에는 숲 생태계, 호수 생태계 등 여러 가지가 있는데 작은 어항에서부터 우리가 살고 있는 지구까지 모두 생태계라고 할 수 있어요.

생산자, 소비자, 분해자

생태계를 구성하는 생물들은 영양분을 어떻게 얻는지에 따라 생산자, 소비자, 분해자로 나눌 수 있어요. 먼저, 식물처럼 광합성을 통해 영양분을 스스로 만들어서 살아가는 생물들은 '생산자'라고 해요. 식물처럼 스스로 영양분을 만들지 못하기 때문에 다른 생물을 먹어야만 살 수 있는 동물을 '소비자'라고 하고요. 소비자 중에서 식물의 줄기나 잎, 열매 등을 먹고 사는 동물들을 1차 소비자, 그리고 1차 소비자를 먹고 사는 동물을 2차 소비자라고 해요. 2차 소비자를 먹는 동물은 3차 소비자라고 하지요. 생물이 죽게 되면 사체를 분해하여 다른 생물들이 살아가는 데 도움이 되는 영양분을 만들어 주는 미생물이 있는데 이런 미생물을 '분해자'라고 해요.

생태계를 구성하는 생물적 요소

생태계에는 먹이 사슬이 있어요

생태계 속에서 살아가는 생물들은 서로 먹고 먹히는 관계를 가지고 있어요. 이렇게 먹고 먹히는 관계를 순서대로 연결해서 흐름이 보이게 나타낸 것을 '먹이 사슬'이라고 해요. 예를 들어 풀을 먹은 메뚜기를 개구리가 잡아먹고, 그 개구리를 뱀이 잡아먹었다면 '풀 → 메뚜기 → 개구리 → 뱀'으로 표현하는 것을 말해요.

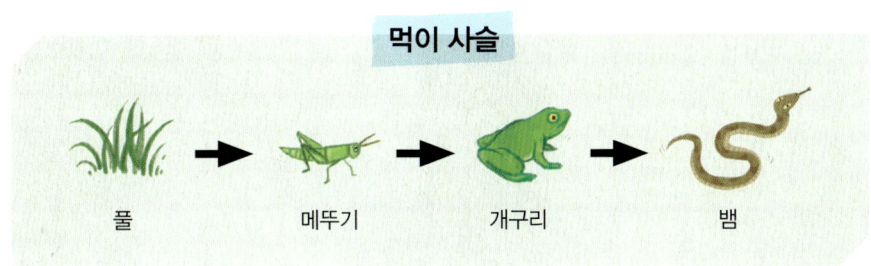

먹이 사슬이 복잡해지면 먹이 그물이 돼요

토끼는 풀을 먹는 소비자이지만 풀을 먹고 사는 소비자가 토끼만 있는 것은 아니에요. 메뚜기도 풀을 먹고, 사슴도 풀을 뜯어 먹지요. 그리고 사자가 토끼를 잡아먹는다고 해서 토끼를 잡아먹는 동물이 사자만 있는 것도 아니지요. 이렇게 여러 먹이 사슬이 마치 그물처럼 복잡하게 얽혀 있는 것을 '먹이 그물'이라고 해요. 실제 대부분의 생물들이 다양한 먹이를 먹기 때문에 생태계는 복잡하고 다양한 먹이 그물을 가지고 있어요. 먹이 그물이 복잡할수록 생태계는 더 튼튼하게 지켜지는데, 한 생물의 수가 갑자기 줄어들더라도 다른 생물을 잡아먹을 수 있어 생태계가 안정적인 상태를 유지할 수 있기 때문이에요.

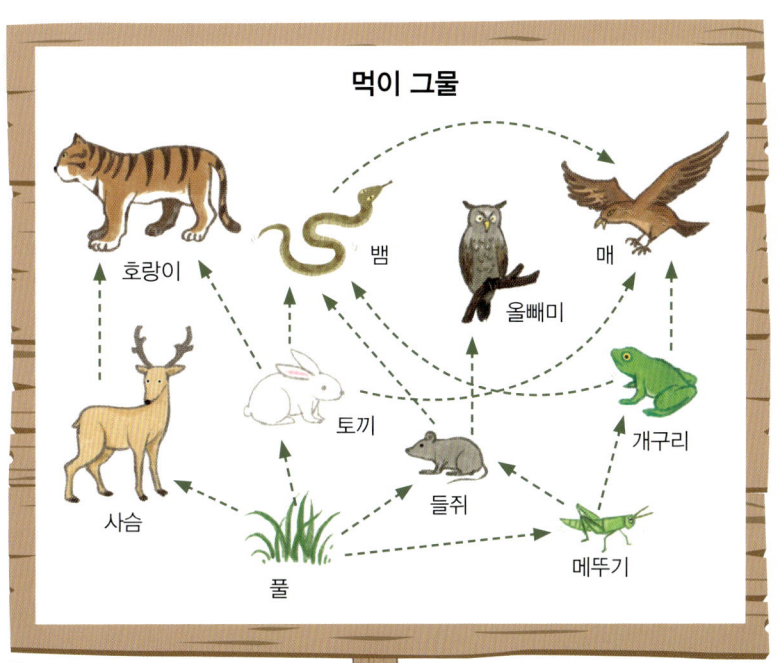

갯벌 생태계의 먹이 그물

갯벌 생태계도 육지 생태계와 같이 생산자, 소비자, 분해자로 이루어져 있지만, 육지 생태계가 식물을 생산자로 해서 영양분을 얻는 것과 달리 갯벌의 생물들은 주로 유기물 부스러기에서 영양분을 얻어요. 죽은 동식물이나 동식물의 배설물 등이 잘게 부서져 만들어진 유기물과 이러한 유기물을 먹고 사는 갯벌 생물들, 또 그 생물을 잡아먹는 새와 같은 동물들로 갯벌 생태계는 복잡한 먹이 그물을 이루고 있어요.

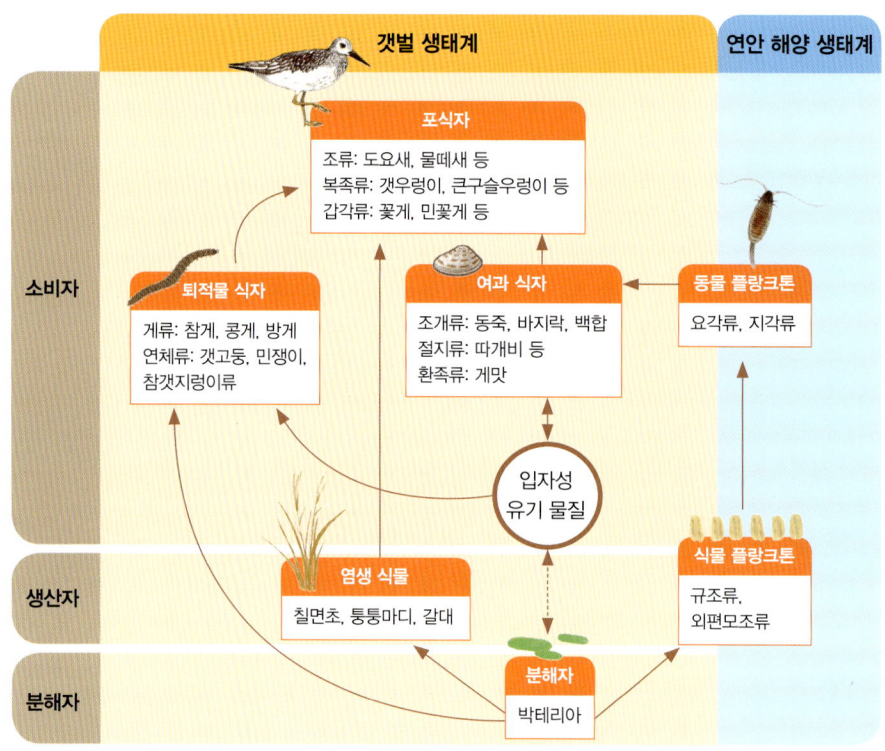

다양한 생태계

생태계는 생물이 살아가는 장소에 따라서 육상 생태계와 수 생태계로 나눌 수 있어요. 육상 생태계는 다시 사막, 초원, 열대림, 온대림, 사바나 생태계 등으로 나눌 수 있고, 수 생태계는 민물, 바다, 습지 생태계로 나눌 수 있지요. 그중에서 많은 생물들의 보금자리가 되는 습지 생태계는 오염 물질을 깨끗하게 만들어 주며, 홍수와 가뭄을 조절하는 역할도 해 주어요.

순천만 습지

생태계 평형, 일정하게 생태계를 유지해요

생태계에서 살아가는 생물의 종류와 그 수는 먹고 먹히는 먹이 사슬을 통해서 조절되고 있어요. 이렇게 생태계 생물의 종류와 수가 안정되게 유지되는 것을 '생태계 평형'이라고 해요. 예를 들어 어떤 이유로 1차 소비자의 수가 줄어들게 되었다면 그 영향으로 2차 소비자의 수는 줄고 생산자의 수가 늘어날 수 있어요. 하지만 생산자가 늘어나면 차츰 1차 소비자의 수도 늘어나게 되지요. 그럼 1차 소비자를 잡아먹는 2차 소비자도 늘어나게 되어 생태계는 다시 평형을 이루게 돼요. 그리고 생태계는 매우 복잡한 먹이 사슬을 가지고 있기 때문에 어떤 한 종류의 생물이 갑자기 수가 줄어도 먹고 먹히는 관계가 비슷한 다른 생물이 대신할 수도 있어서 전체적으로는 생태계 평형을 유지할 수 있어요.

생태계를 보호하기 위해 노력해요

생태계는 스스로 평형을 유지하는 능력을 가지고 있지만 스스로 조절하기 힘들 정도로 큰 변화가 생기면 그 균형이 깨지기도 해요. 생태계의 평형을 깨뜨리는 원인으로는 가뭄, 홍수, 태풍, 지진, 산불 등과 생태계 교란 생물, 그리고 댐, 도로, 골프장 건설 등을 들 수 있어요. 한번 평형이 파괴된 생태계가 다시 원래대로 돌아가기 위해서는 오랜 시간과 많은 노력이 필요하기 때문에 우리는 생태계를 망가뜨리지 않게 노력해야 해요. 우리나라의 토종 생물들이 잘 살 수 있게 외래 생물들을 함부로 들여오지 않도록 해야 하고, 가뭄이나 홍수 같은 일이 일어나지 않도록 환경을 보호하고 깨끗하게 유지해야 해요. 또한 사람들이 건물을 세우거나 도로를 만들 때 자연을 망가뜨리는 일이 일어나지 않도록 잘 연구해서 진행하는 것도 중요해요.

국립생태원이 들려주는 에코스토리

01 전국 자연환경 조사
나는 독도의 마스코트

02 기후 변화 연구
빙글빙글 물방울의 여행

03 생명 공학 연구
황금쌀과 슈퍼 연어의 비밀

04 외래 생물 관리
하늘천의 무법자 블루길

05 생태계 연구
금개구리 왕눈이의 모험

06 생체 모방 연구
호기심쟁이 수현이와 발명가 삼촌

07 생물 다양성 협력
와글와글 세계 어린이 환경 뉴스

08 생태계 서비스 연구
자연이 주는 선물

09 멸종 위기종 관리
아슬아슬 사라지는 동물

10 지역 생태 협력
철새들의 천국 서천 유부도

11 식물 관리
무럭무럭 쑥쑥 식물 성장의 비밀

12 동물 관리
한밤중 동물 친구들에게 생긴 일

13 생태 교육
푸른이의 두근두근 생태 교실

14 생물 복원
다시 만날 동식물 친구들

15 에코뱅크
신나는 생태 지도 만들기